ALLOCUTION

PRONONCÉE EN L'ÉGLISE SAINT-SAUVEUR DE RENNES

LE 2 JUILLET 1889

A L'OCCASION

DU MARIAGE DE

M. Paul Collin de la Contrie

AVEC

Mlle Ernestine du Beaudiez

PAR

L'Abbé GUILLOTIN DE CORSON

Chanoine honoraire de l'Église Métropolitaine
de Rennes.

Erant autem justi ambo ante Deum,
incedentes in omnibus mandatis Domini.
(Evang. Luc. I, 6.)
Ils étaient tous deux justes devant
Dieu, marchant généreusement dans la
voie des commandements du Seigneur.

CES paroles de l'Évangéliste s'appliquent à
deux saints personnages, modèles des époux
chrétiens, Zacharie et Élisabeth, parents de la
très sainte Vierge ; aujourd'hui même l'Église
célèbre la mémoire de la Visite que Marie ren-
dit à sa cousine, et le récit de cette entrevue
témoigne de la grande joie qu'apporta la Mère
de Dieu dans la maison d'Élisabeth. Or, par
une heureuse coïncidence, Monsieur et Mademoiselle, non seulement vous venez demander
au Seigneur de bénir votre union en ce jour de
la fête de la Visitation, mais encore vous vous
êtes agenouillés dans l'un des plus devots sanc-
tuaires de la Reine des Cieux, aux pieds de la

statue bénie de Notre-Dame des Miracles et Vertus [1].

Grands motifs de confiance : si l'enfant d'Élisabeth tressaillit d'allégresse à l'approche de Jésus et de Marie, comment vous-mêmes ne seriez-vous pas pleins d'espoir près de ce tabernacle dans lequel réside le même Jésus? Et si les habitants de Rennes, reconnaissants envers Marie, qui délivra leur ville des horreurs d'un long siège, se sont voués particulièrement à son culte, ne trouvez-vous pas que c'est un devoir bien doux d'honorer à votre tour la puissance de Notre-Dame des Miracles et de suivre les exemples de Notre-Dame des Vertus?

A la suite de Zacharie et d'Élisabeth marchez donc dans la voie des Commandements de Dieu; or, parmi ces Commandements il en est un propre aux nouveaux époux, c'est celui de l'amour chrétien.

Ce qu'est l'amour chrétien, l'Esprit-Saint nous le fait connaître par ces paroles : *Viri, diligite uxores vestras sicut et Christus dilexit*

---

1. Statue miraculeuse honorée à Saint-Sauveur et à la vertu de laquelle la tradition attribue la levée du siège de Rennes et la fuite des Anglais, pendant les guerres de Bretagne au XIVᵉ siècle.

ecclesiam, — Époux, aimez votre épouse comme le Christ aima son Église. Qu'a fait Jésus pour son Église? Il l'a aimée jusqu'à mourir pour elle; de même, Monsieur, vous devez aimer votre femme jusqu'au dévouement. Et quels modèles vous sont proposés à vous-même, Mademoiselle? Rachel, Rebecca et Sara, c'est à dire les femmes fortes et fidèles. Ayez donc l'un pour l'autre cet amour purifié par Dieu, cet amour source des joies et des consolations de ce monde, cet amour, en un mot, élevé à la dignité de vertu dans le saint état du mariage.

Tant que ce véritable amour règnera dans vos âmes, la patience nécessaire ici-bas — où le bonheur est souvent éphémère — la fidélité inviolable, resserrant les doux liens de vos cœurs, ne vous manqueront jamais. Vous réaliserez alors ce tableau du mariage chrétien si bien décrit par Tertullien : « Deux fidèles portent ensemble le même joug, dit-il; ils ne font qu'une chair et qu'un esprit. Ils prient ensemble, ils se prosternent ensemble, ils jeûnent ensemble; ils s'instruisent et s'exhortent l'un et l'autre; ils vont ensemble à l'église et à la table de Dieu, dans les persécutions et dans les temps de paix; ils ne se cachent rien et ne s'incommodent point; ils visitent les malades et font l'aumône sans contrainte; ils chantent ensemble les psaumes et les hymnes et s'excitent mutuellement à louer le Seigneur. »

En agissant ainsi, vous continuerez, Monsieur et Mademoiselle, les traditions de vos familles, qui conservent avec soin, comme le plus précieux des patrimoines, l'attachement à la foi de leurs pères et la mise en pratique de leurs sentiments religieux. Dès le xve siècle, le nom du Beaudiez figure avec honneur dans les fondations pieuses que faisait alors à Pontivy l'illustre maison de Rohan. Puis vint un temps où il ne s'agit plus de doter des monastères, mais bien de combattre et de verser son sang, au mépris de sa vie, pour maintenir la religion et sauvegarder ses ministres; dans cette lutte héroïque que soutint alors la catholique Bretagne contre l'impiété révolutionnaire, nous trouvons des noms qui vous sont chers et qui — rapprochés par le même dévouement à la noble cause de Dieu et du Roi — semblent faire présager, à près d'un siècle de distance, l'union que nous célébrons aujourd'hui : dans le même corps d'armée combattent Collin de la Contrie et le colonel de Cibon, tandis que sur un autre point de la Bretagne de Lantivy du Reste et de Lantivy de Kerveno luttent et meurent pour la même cause sacrée. Et comme le martyre est la plus haute expression du sentiment religieux, Dieu permit que cette gloire fût donnée à vos familles deux fois, d'abord pendant la tourmente révolutionnaire, et plus tard, de nos jours même, en une mémorable circonstance : en 1795 de Lantivy de Trédion tombait sous les balles des bourreaux de Quiberon, préférant la mort à un léger mensonge qui lui eût sauvé la vie, et en 1860 du Beaudiez exhalait le dernier soupir sur le champ de bataille de Castelfidardo, laissant à son frère le périlleux honneur de combattre à son tour pour Pie IX ! Héroïques victimes de leur attachement à la foi, à l'Église et au Saint-Siège !

Vous avez donc le droit, l'un et l'autre, de répéter avec Tobie : *Filii Sanctorum sumus*, nous sommes les enfants des Saints ; mais vous avez aussi, par suite, le devoir strict de vous montrer dignes de tels ancêtres.

Ce devoir, vous le remplirez, j'en ai la douce

confiance, et en terminant laissez-moi vous rappeler, Monsieur, un souvenir intime qui me semble un gage certain de votre heureuse union : il y a vingt-six ans, l'amitié qui m'amène près de vous me faisait déjà bénir l'alliance de vos excellents parents ; c'était encore dans un sanctuaire de Marie, en l'église de Notre-Dame de Rennes et à l'autel de cette bonne Mère, que j'appelais sur le meilleur de mes amis et sur sa pieuse et fidèle compagne les bénédictions du Très-Haut ; elles descendirent abondantes du Ciel ces bénédictions divines, et je ne puis mieux faire que de vous souhaiter aujourd'hui une union semblable à la leur, heureuse et bienfaisante, douce et édifiante. Ce souhait se réalisera sans doute, et la Vierge puissante qui a daigné bénir le mariage de 1863 bénira de même l'union de ce matin, contractée à l'ombre sanctifiante de Notre-Dame des Miracles et Vertus !

Rennes. — Imp. Catel.